COLLINS
formule
X

Cahier X
1

MARTINE PILLETTE

Contents

Unité 1	*B-O-N-J-O-U-R!*	4–5
Unité 2	*Détails personnels*	6–7
Unité 3	*En classe*	8–9
Unité 4	*Ma famille et moi*	10–11
Unité 5	*Au collège*	12–14
Unité 6	*Mes animaux*	15–17
Unité 7	*Je travaille, je travaille. . .*	18–20
Unité 8	*Mes frères, mes sœurs. . . et moi!*	21–23
Unité 9	*Une classe active!*	24–27
Unité 10	*Festivités*	28–31
Unité 11	*Mes loisirs*	32–35
Unité 12	*Mes animaux et moi*	36–39
Unité 13	*J'adore sortir!*	40–43
Unité 14	*Ah, les parents!*	44–46

Advice to students

Dear student,

Welcome to *Cahier X*, the workbook that accompanies *Formule X*. This year, you will be using *Cahier X* a lot at home, and sometimes in class.

In *Cahier X* you will find activities for each *Formule X* Unit. The *Cahier X* cassette, to be used alongside your *AnneXe* booklet, will help you learn new words and phrases.

Here is some advice to help you succeed.

- Decide in advance when to do your homework.
- If possible, do your homework in a quiet place.
- For learning homework, read *AnneXe* p2.
- Do not leave learning homework until the last minute: it's best to do it as soon as you can, then revise before your next lesson.
- If you have to do some learning homework as well as some activities, do the learning homework first.
- If you don't understand what to do, look at the examples given and use p47 of *Cahier X*.
- Always check through your written work, even if you first did it rough and then copied it into *Cahier X*.

Why should you do learning homework first?

If you don't. . .	If you do. . .
. . . you'll find it harder to do your other homework tasks (writing etc.)	. . . you'll find the other homework tasks easier and quicker to do
. . . to complete those other homework tasks you'll need to check a lot of words and phrases in *AnneXe*	. . . you'll be able to tell whether you have learnt everything well enough
. . . all this will take up a lot of time and won't be enjoyable.	. . . and if you haven't, you'll be able to do something about it before your next lesson!

Advice to parents/guardians

Dear parent/guardian,

Welcome to *Cahier X*, the workbook that accompanies the coursebook *Formule X*. This year, your child will be set different types of French homework, such as:
— learning new words
— cassette-based activities
— speaking practice
— reading and writing activities.

Some children are happy to learn on their own, while others like occasional support or need frequent support. Here are a few ways in which you can help, whether you know any French or not.

Learning new words and phrases

You can read the advice given on p1 of the *AnneXe* booklet with your child and use the suggested techniques together.
Depending on the topic or what work has been done in class, the teacher might ask your child to:
— simply learn what some new French words mean
— learn what they mean and learn to say them in French
— learn what they mean, learn to say them and to spell them correctly.

All the new language is recorded on the home cassette among the listening activities. If your child has access to a computer, she/he may wish to build up a vocabulary database.

Other homework

Whether you know some French or not, you can also help your child by:
— trying to provide a quiet area for work at home
— asking your child to teach you some French
— checking that the homework is completed
— checking that enough time has been spent on it
— praising effort and progress.

If you do know some French, remember that helping too much may generate good marks but prevent real progress. You can, however:
— discuss how to go about certain tasks
— check that your child has understood corrections done in class
— help with oral practice, such as rehearsing a dialogue or learning a poem by heart.

Best of luck!

Name of parent/guardian ....

Signature ....

1 Regarde, écoute la cassette et répète.

2 Complète de mémoire.

Salut	Bonjour	Je m'appelle
→ S_l_t	→ B__n__o__r	→ Je m'a__ __e __ __e
→ S__ __ __t	→ B__ __j __ __r	→ Je m'a__ p__ l__e
→ S__ __ __ __	→ B__ __ __ __ __ __r	→ J__ m'a__ __ __ __ __ __

3 Regarde l'exemple et trace les lignes.

Bonjour!	Très bien, merci.
Tu t'appelles comment?	Au revoir!
Ça s'écrit comment?	D–A–M–I–E–N
Ça va?	Ah! Bonjour!
Regarde. C'est qui?	Moi, je m'appelle Damien.
Salut!	Je ne sais pas!

4 Ecoute la cassette et répète.

B – C – D – G	P – T – V – W
F – L – M – N	R – S – Z
I – J – X – Y	
A – H – K	
Q – U	
E	
O	

message ✗

The letters on each line have been grouped together because they contain a sound in common.
Practise the sounds in front of a mirror and make your face muscles really work: good pronunciation is important!

5 Invente un dialogue sur (**about**) l'Unité 1.

----

6 Learning with *AnneXe* (pp2–3)

message ✗

– Look at a French word or phrase → listen to it on cassette → repeat it.

– Look at a French word → listen to it → say it several times → cover it over → say it again from memory.

– Look at a French word → cover the English → say what it means from memory → check your answer.

– Look at an English word → cover the French → say the French from memory → check your answer.

– Turn *AnneXe* over → listen to a word → repeat it and say what it means → check your answer.

📼 *Unité 1*

 Anne✗e p4

Détails personnels 2

📼 *Un, deux, trois*

 Anne **X** e p6

1 Complète les séries → vérifie (**check**) avec la cassette.

a un quatre sept ....

b dix sept quatre ....

c un trois cinq ....

d neuf sept .... un

e dix huit .... deux

f un deux trois cinq ....

g deux un quatre trois six cinq ....

....

2 a Recopie les nombres correctement de mémoire.

b Vérifie dans *AnneXe*.

a xis	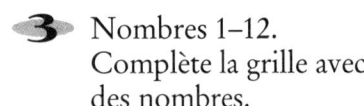 *six (6)*	e fune	....
b uratqe	....	f exud	....
c qnic	....	g sitro	....
d thiu	....	h pest	....

3 Nombres 1–12.
Complète la grille avec
des nombres.

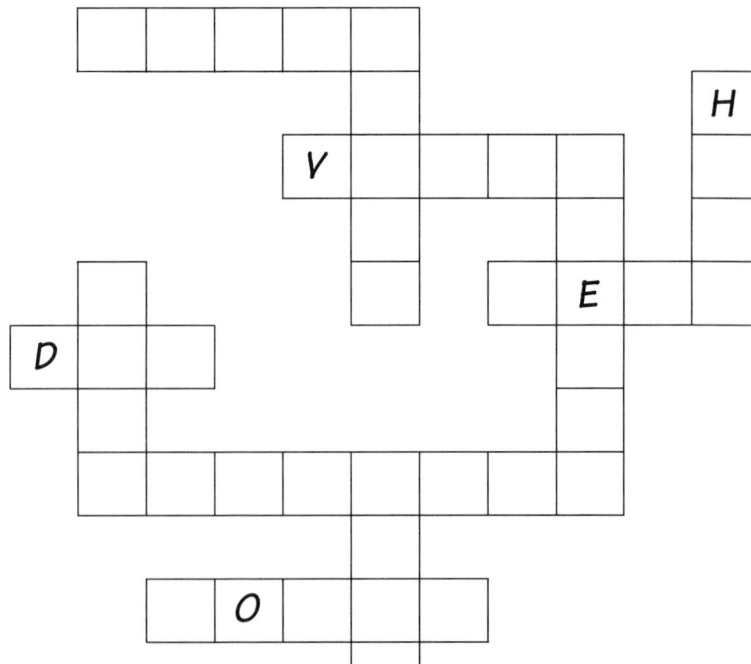

4   **a**   Lis la lettre **A**. Ça va?

> Bonjour, Zoë!
>
>   Ça va? Je m'appelle Valentin et j'ai onze ans. J'habite à Tours, en France. Tours, c'est très bien.
>
>   Et toi, tu as quel âge? C'est bien, Birkenhead?
>
>   Salut!
>
>   Pierre

b   Lis la lettre **B**. C'est plus difficile.

> Bonjour, Zoë!
>
>   Ça va? Je m'appelle Valentin. Valentin, c'est super, non? J'ai onze ans: c'est nul! Moi, j'habite à Tours, en France. Tours, c'est très, très bien!
>
>   Et toi, tu as quel âge? Tu as onze ans ou douze ans? Tu habites à Birkenhead, je sais: c'est bien, Birkenhead, oui ou non? Moi, je ne sais pas.
>
>   Ecris-moi!
>
>   Salut,
>
>   Pierre

c   Et toi? Ecris une lettre avec tes détails personnels.

🔲 *Tu as un crayon?*

1 Complète sans aide (without help) → regarde *AnneXe.*
Exemple **1 un stylo**

1	un stylo
2	trois livres
3	deux cahiers
4	un dictionnaire
5	un carnet
6	quatre crayons

🔲 *Je voudrais...*

2 Lis **1–7** et choisis le dessin exact.

1 J'ai un cahier et deux règles. Et toi?

2 J'ai un carnet et un crayon. Et toi?

3 J'ai deux craies et une règle. Je n'ai pas de gomme.

4 J'ai deux gommes. Je n'ai pas de cahier mais j'ai un livre.

5 J'ai une règle et deux craies. Tu as un crayon?

6 Tu as un stylo? Moi, j'ai un carnet et un crayon.

7 Je n'ai pas de crayons mais j'ai deux stylos et une gomme. Je voudrais une règle.

message ❌

Read the sentences carefully! If someone says *Je n'ai pas...?* or *Tu as...?*, it means they don't have what they need, so don't look for it in the pictures

1	*C*
2	
3	
4	
5	
6	
7	

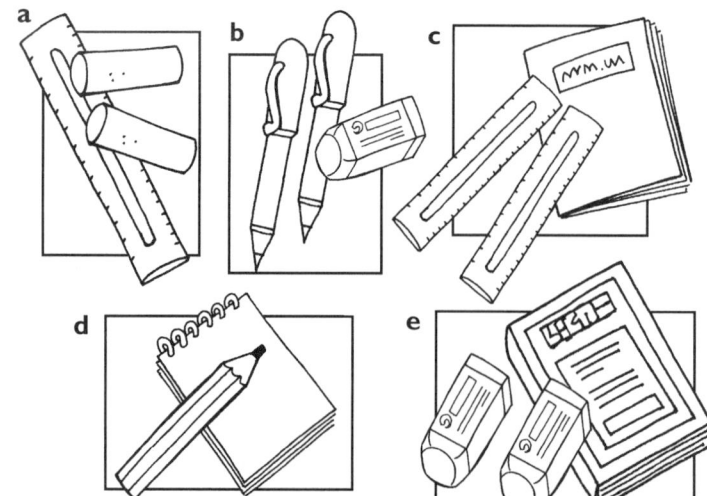

3 Ecris *un* ou *une* sans aide → regarde *AnneXe*.

1	_une_ gomme	**6**	_____	exercice
2	_____ poster	**7**	_____	feuille
3	_____ stylo	**8**	_____	cassette
4	_____ dictionnaire	**9**	_____	livre
5	_____ photo	**10**	_____	cahier

4 **a** Lis le rébus (**puzzle**) et écris la solution.

Deux règles plus trois crayons plus trois cassettes moins un crayon plus trois cahiers plus cinq règles plus deux livres moins deux règles plus deux carnets moins une cassette plus trois cahiers moins un carnet = . . .

cinq règles _____ _crayons_ _____ _____

_____ _____ _____

b Invente un rébus pour ta classe. . . et prépare la solution!

_____
_____
_____
_____

🖼 *Qu'est-ce que tu fais?*   Anne❌e p9

5 **a** Lis **1–6** et écris N (= normal) ou R (= ridicule).

1 Tu as une feuille, s'il te plaît?   _____

2 Je pratique un cahier.   _____

3 Je voudrais onze ans.   _____

4 J'apprends un stylo.   _____

5 Des exemples? C'est super!   _____

6 J'habite un livre.   _____

b Ecoute **7–12** et écris N ou R.

7 _____ **8** _____ **9** _____ **10** _____ **11** _____ **12** _____

▥ *Tu as des frères ou des sœurs?*

Anne❌e p10

a Regarde les dessins et écoute **a–f**: vrai ou faux?

b Ecoute **1–6** et écris la lettre (**a–f**).

c Ecris une phrase exacte pour chaque (**each**) dessin.

A   Moi!

B   Moi!

C   Moi!

D   Moi!

E   Moi!

F   Moi!

▥ *Qu'est-ce que tu fais à la maison?*

Anne❌e p10

2 Complète les phrases: trace des lignes.

1 Je fais	**a** tu fais?
2 Je joue sur	**b** leçons à la maison.
3 Qu'est-ce que	**c** avec qui?
4 Je joue avec	**d** mes devoirs.
5 Tu regardes la télévision	**e** mon ordinateur.
6 J'apprends mes	**f** ma sœur.

3 Lis le message électronique et lis **1–6**: ✔ ou ✗ .

Salut!

Oui, j'ai un ordinateur! Et voilà un e-mail. C'est super, non?

Tu cherches des copains et des copines? Voilà! Je m'appelle
Catherine et j'ai 11 ans. Tu as des frères et des sœurs? Moi, non.
Tu as un chien, mais moi j'ai deux chiens! Mais... tu joues avec
ton chien? Moi, pas souvent.

Qu'est-ce que tu fais à la maison? Tu aimes les films, etc.? Moi,
j'adore *EastEnders*. C'est mon programme préféré.

En plus, je surfe sur Internet. Souvent, souvent, souvent!

Tu fais des devoirs à la maison? Moi, non. Je déteste travailler
et... j'ai des problèmes au collège! Mais j'aide quelquefois mes
parents. Par exemple, je fais des gâteaux: miam-miam!

1 J'utilise mon ordinateur. ☐

2 Je suis fils unique. ☐

3 Je joue souvent avec mon chien. ☐

4 Je regarde la télévision. ☐

5 Je fais souvent mes devoirs. ☐

6 J'aide mon père et ma mère. ☐

message ✗

A few new words have
been used on purpose
here, but they look a lot
like English words. You see:
you can even understand
words you haven't learnt!

4 a Recopie et complète les messages avec des mots (**words**) possibles.

1 A la maison, je _____ souvent sur mon ordinateur. Et toi?

Tu _____ sur Internet?

2 Je _____ souvent la télévision avec mon _____

ou ma _____ , et j' _____ mes CD. Et toi?

Tu _____ des CD?

3 En plus, je _____ quelquefois mes devoirs avec _____

copains, et avec _____ chien!

b Pratique la prononciation: lis **1–3** à haute voix (**aloud**).

message ✗

Attention: • verbes: **-e?** ou **-es?**
            • **mon/ma/mes** = masculin/féminin/pluriel.

Au collège 5

📺 *Lundi, mardi...*

1 Ecoute la cassette et chante!

Lundi, mardi, mercredi,
Jeudi, vendredi, samedi.
Lundi, mardi, mercredi,
Jeudi, vendredi, samedi.
Lundi, mardi, mercredi,
Jeudi, vendredi, samedi.
Et dimanche!

message

When you find it hard to learn a list of words, making up a rap or a tune can help.

2 **a** Ecoute et écris les nombres.

a 23   b _____   c _____   d _____   e _____   f _____   g _____   h _____   i _____   j _____

b Réécoute **a–j** et répète.

c *Challenge* **X**
Ecoute et écris le total.

k 28   l _____   m _____   n _____   o _____   p _____   q _____   r _____   s _____   t _____

3 **a** Trouve les résultats identiques.
   Exemple: 1c (25)

1 deux plus vingt-trois	**a** seize plus dix
2 trente et un moins dix	**b** douze plus neuf
3 vingt-six moins trois	**c** dix plus quinze
4 huit plus dix-huit	**d** vingt moins deux
5 vingt-sept moins six	**e** dix plus onze
6 quatorze plus quatre	**f** douze plus onze

1 c (25)   **2** _____   **3** _____   **4** _____   **5** _____   **6** _____

b Extra: invente un exercice similaire.

4 Tu habites où? Bizarre. . .

  a Regarde le modèle et invente des phrases.

  b Lis tes phrases à haute voix (**aloud**).

  1 En mars, j'habite en Ecosse.

  2 En .... , j'habite ....

  3 En ....

  4 ....

  5 ....

  6 ....

  7 ....

5 Regarde un calendrier et écris six dates importantes pour
toi cette année (**this year**).
Exemple: **jeudi 25 décembre.**

....

....

....

....

....

....

6 Complète avec des matières (histoire, maths, etc.). Trouve
le mot mystère!

	G									E
T										E
				M				S		
			S							S
			S				T			
		H						E		
					D					N

> **message** X
>
> By the way, when you
> have a list of spellings to
> learn, start with the more
> difficult ones.

7 Complète les phrases: trace des lignes.

1 Je n'ai	**a**	maths ou sciences?
2 Tu as informatique	**b**	sport et dessin.
3 Ce n'est	**c**	la date?
4 Tu as	**d**	qui?
5 Quelle est	**e**	le vendredi?
6 Tu as anglais avec	**f**	pas musique le lundi.
7 Le samedi, je voudrais	**g**	mais le mercredi.
8 Je n'ai pas français le jeudi	**h**	pas lundi, c'est mardi!

8 Souligne (underline) **1–8** dans le texte.

message

You haven't yet come across the words for **1–8**, but this activity will show you that when you read a whole sentence carefully, you can make sense of the words you don't know without help!

1 subjects
2 a lot
3 I don't like
4 stadium
5 basketball
6 freedom
7 my bedroom
8 I send

Moi, au collège, j'ai onze matières. C'est beaucoup!
J'adore l'histoire-géo mais je n'aime pas le dessin et la musique. Je ne suis pas artiste!
   Le lundi, je vais au stade avec ma classe pour le sport. Avec mon prof, tu as le choix. Par exemple, je joue au basket ou je fais de l'athlétisme.
   Le mercredi? C'est la liberté! Pas de maths . . . pas de profs... hourra! Qu'est-ce que je fais à la maison? Je décore ma chambre, par exemple. Avec des posters, pas avec mes dessins! En plus, j'envoie des messages électroniques à mes copains et mes copines.

9 Complète à l'aide de la cassette.

Janvier, ... au collège. Et toi, en .... , c'est comment?

Ça va, toi, le .... ? .... , j'ai maths, techno,

.... et .... !

Oh, la ....! C'est le 5 janvier .... et j'ai un test en sciences le 8! Mais en .... , ça va: je n'ai pas de

....

Offer ID: 943934
Price Paid: 0.33

Good
ChloeP
F3 -1-05-019-002 429
Formule X – Workbook 1
18/10/2022 12:47:22

429

📷 *Tu as un animal à la maison?*   Anne ✗ e p14

1 Recopie les animaux correctement.

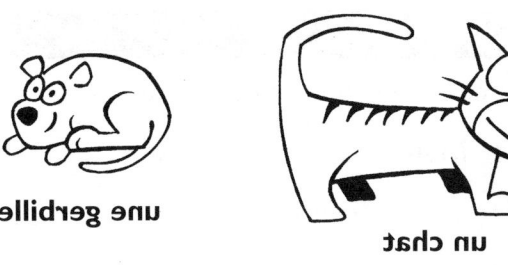

une gerbille

un chat

un poisson

une tortue

un lapin

un chien

2 Recopie les animaux. . . et les trois intrus (odd ones out)!

hamstercobayefrèreoiseauchatcopaingerbillepoissonlapin

Animaux		Intrus
_____	_____	_____
_____	_____	_____
_____	_____	_____
_____	_____	

message ✗

Learn masculine and feminine nouns separately, starting
with the shortest list of the two. For example:

– first learn the feminine animals really well (such as
  une gerbille; une souris; une tortue) . . .

– . . . then you'll remember all the other animals are
  masculine!

Mon chien est bête!

Anne**X**e p15

 Ecoute la cassette et fais **A** ou **B** au choix. Attention! Singulier ou pluriel?

A	B
Ecoute et complète les adjectifs.	Ecoute et complète les phrases.

A

1 __ o __ i __ e

2 __ __ ô l __

3 __ a __ __ e

4 __ ê __ e __

5 __ a __ i __ e __

6 __ é __ o __ e __

7 __ u __ e __

8 __ u __

B

1 Mon _____ est _____ .

2 _____ souris est _____ .

3 Ma _____ est _____ .

4 Mes _____ sont _____ .

5 _____ hamsters sont _____ .

6 _____ oiseaux _____ .

7 _____ poisson _____ _____ .

8 Mon _____ est _____ .

4 **a** Pratique la lecture (**reading**) à l'aide de la cassette.

Moi, j'ai des animaux à la maison. J'ai un chat, deux chiens, une souris et des lapins. C'est bien, non?
Mes chiens ne sont pas calmes: Ben est très drôle et Rocky est quelquefois féroce.
Mon chat, Chocolat, est rapide: attention, ma souris!
Et mes lapins? J'ai des lapins. . . très, très dociles!
Et toi, tu as des animaux?

b Pratique la lecture seul(e).

J'ai deux frères et une soeur. Mes frères sont très drôles mais Kévin est souvent très bête.
Ma soeur n'est pas très drôle. Et mon père ? Il est féroce ! (Non, non, c'est faux !).

message **X**

This passage isn't on cassette.

5 Lis le texte et classe les préférences: recopie les animaux dans l'ordre.

> Je n'aime pas les gerbilles.
>
> Je n'aime pas du tout les hamsters.
>
> Les gerbilles ou les cobayes? Bof. . . je préfère les cobayes.
>
> J'aime beaucoup les chiens, les lapins et les chats.
>
> Les lapins ou les chats? Je préfère les lapins.
>
> Je n'aime pas beaucoup les souris.
>
> Les chats ou les chiens? Je préfère les chiens.
>
> J'adore les tortues.
>
> J'aime les poissons et les oiseaux mais je préfère les poissons.

☺

1 _____

2 _____

3 *les chiens* _____

4 _____

5 _____

6 _____

7 _____

8 *les cobayes* _____

9 _____

☹ 10 _____

6 Pratique le dialogue.

- Tu as des animaux?

= ✓

- Tu as des chiens?

= ✗

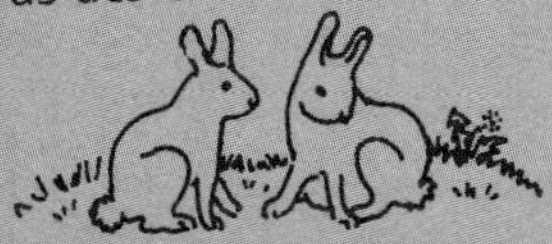

- Ah oui? Deux lapins?

= ✓+ 🐢

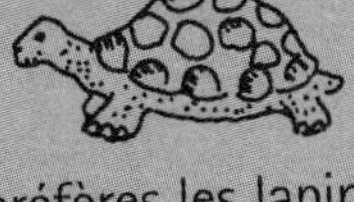

- Et tu préfères les lapins?

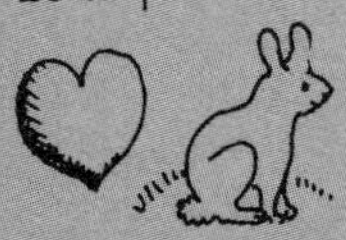

= ♡🐰 mais ♡♡🐢🐢

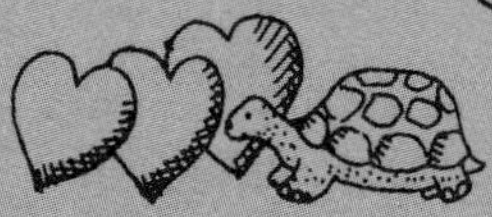

- Et toi? _____ ?

= Moi? Oui, j'adore les animaux!

- Tu _____ ?

= Oui, mais je préfère les chats.

- Ton _____ ?

= Mon chat? Oh, non! Il est rapide!

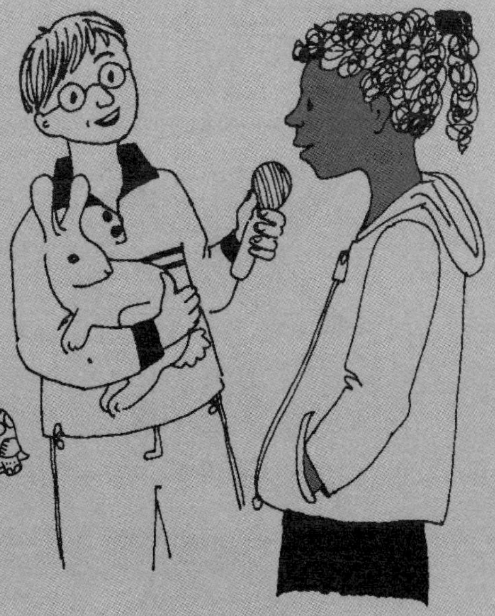

Anne❌e p16

🖥️ *Qu'est-ce que c'est?*

1 🎧 Ecoute les bruits (**noises**) et écris les noms avec **le**, **la** ou **l'**.
Exemple **1** <u>*la chaise*</u>

1 _____ **2** _____ **3** _____

4 _____ **5** _____ **6** _____

2 Trace les lignes.

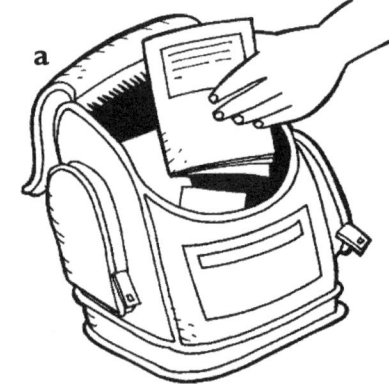

a

b

c

1 Posez les
stylos.

2 Ouvrez la
fenêtre.

3 Regardez le
tableau.

4 Sortez les
livres.

5 Fermez les
cahiers.

6 Rangez les
cahiers.

7 Regardez
l'écran.

8 Fermez la
porte.

d

e

f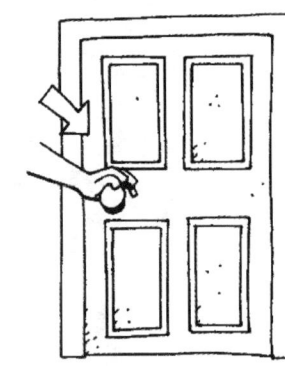

g

h

Comptez!

3 Loto!
Ecoute les nombres et coche ✔ les cases.
Qui gagne (wins)? **A**, **B** ou **C**?

A

53	65	62	60
67	49	16	50

B

68	30	66	45
43 ✔	19	36	51

44	48	63	56
18	59	29	40

C

4 Pratique les séries oralement.
Exemple

Quarante, cinquante, soixante!

Tu hésites? Recommence!

a	40 – 50 – 60	**e**	21 – 31 – 41 – 51
b	41 – 42 – 43	**f**	35 – 45 – 55 – 65
c	42 – 52 – 62	**g**	5 – 15 – 50 – 55
d	6 – 16 – 20	**h**	2 – 12 – 20 – 22

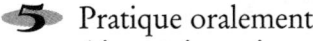 *C'est à quelle heure?*

5 Pratique oralement.
Ajoute cinq minutes. . . et cinq minutes. . . etc.
Exemple

*Deux heures. . . deux heures cinq. . .
deux heures dix. . .*

6 **a** Regarde lundi et mardi, et pratique oralement.

Exemple

> Le lundi, j'ai maths à 8h30, j'ai anglais à...

b Décris lundi matin (morning). Invente des détails.

Exemple

> Le lundi, j'ai maths à 8h30 avec Madame Currie en salle 38. Les maths, c'est bien! A 9h30, j'ai...

Lundi		Mardi
Maths	8h30	
Anglais	9h30	Français
Géographie	10h50	Histoire
Sciences	1h20	Informatique
Technologie	2h20	Musique
Technologie	3h20	Sport
	4h20	Sport

----

7 **a** Invente et complète le dialogue.

b Pratique ton dialogue oralement.

message

Look at the sentences carefully: make sure the words you add make sense!

Histoire-géo

– Oh, mon cahier! J'ai histoire aujourd'hui!

= Ah? Moi, j'aime .... Et toi?

– ....

= Et tu .... avec qui?

– ....

= .... heure?

– ....

= Ah oui? Et c'est où, l'histoire?

– C'est .... 55.

= Mais non! Moi, j'ai géo en salle 55!

Mon frère a neuf ans

 Anne X e p18

Complète la grille à l'aide de la cassette.

Moi	Hugo	15 ans
Frère		
Sœur		
Demi-frère		
Demi-sœur		

message

Be careful! Some of the information doesn't follow the order of the grid.

2 Ecris des phrases sur (**about**) la famille.

message

You can describe your real family, an imaginary family, or do half and half!

Moi, je m'appelle .... et j'ai .... ans.

Mon frère s'appelle .... et il a .... ans.

Ma sœur .... et elle .... ans.

Mon demi-frère .... et ....

Ma demi-sœur .... et ....

Ma mère ....

Mon père ....

 Ma sœur n'est pas timide!

Anne X e p18

3 Trouve les synonymes: trace des lignes.

message

- 'He is tall' and 'He isn't small' mean the same thing: they are *synonyms*.
- Don't match an *il* sentence with an *elle* sentence.

1 Il n'est pas très bruyant.	**a** Elle est souvent drôle.
2 Elle n'est pas bruyante.	**b** Il est très drôle.
3 Elle est rarement drôle.	**c** Elle est très calme.
4 Elle est très drôle.	**d** Elle n'est pas très grande.
5 Elle est grande.	**e** Elle n'est pas très drôle.
6 Elle est assez petite.	**f** Il est assez calme.
7 Il est rarement amusant.	**g** Il n'est pas souvent amusant.
8 Il est très amusant.	**h** Elle n'est pas petite.

Mes frères, mes sœurs... et moi! 8

vingt-et un 21

4 Complète avec des adjectifs.

Il est ....

Elle est ....

Elle est ....

Il est ....

Il est ....

Elle est ....

Elle est ....

Il est ....

Il est ....

5 Décris six célébrités.

message X

- Write short sentences: **Monsieur Bean est grand.**
  . . . or longer sentences: **Monsieur Bean est assez grand et très amusant.**
- If you write about a girl or a woman, don't forget to make the adjectives feminine.

6 Read these notes carefully. They show two interesting things about language.

grammaire

- You can say:

    Ton frère s'appelle comment? …or… Comment s'appelle ton frère?

    Ta sœur est comment? …or… Comment est ta sœur?

    Ta copine a quel âge? …or… Quel âge a ta copine?

- Some words don't always translate in the same way. Example:

    Il s'appelle **comment**? What's his name?

    Il est **comment**? What is he like?

    When this happens, it's best to learn examples by heart.

 7 **a** Regarde et écoute les bulles (**speech bubbles**).

Mon père s'appelle Sanjay et il a 35 ans. Il est assez timide et il n'est pas bavard. Il adore le cinéma, mais il n'aime pas le sport.

Ma demi-sœur a 19 ans et elle s'appelle Meena. Elle aime les animaux et la musique mais elle n'aime pas beaucoup les jeux vidéo. Elle est très bavarde et assez bruyante. Elle n'est pas très grande.

b Pratique la lecture (les bulles) à l'aide de la cassette.

c A toi! Objectif: parler de ta famille et/ou de tes copains 1 mn minimum.

message

- For your one-minute talk, you can prepare notes, but not full sentences.

    Example:

    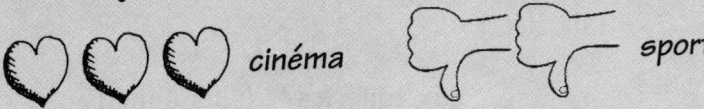

    Père: Sanjay – 35 ans – assez timide – pas bavard – ♡ ♡ ♡ *cinéma* 👎 👎 *– sport*

- Don't forget about the masculine and feminine endings for adjectives!

🔲 *J'ai fini!*

Anne **X** e p20

1 Ecoute **1–9** et choisis le dessin.

1 __e__   2 _____   3 _____   4 _____   5 _____   6 _____   7 _____   8 _____   9 _____

2 Complète **1–8** et vérifie dans *AnneXe*.

1 J'ai ____ *oublié* ____ ma règle!   (fini/oublié)

2 Je peux _____ de place?   (aller/changer)

3 C'est _____ exercice?   (quel/qui)

4 C'est _____ page?   (comment/quelle)

5 Je _____ comprends pas.   (ai/ne)

6 _____ fini!   (Je/J'ai)

7 Je peux _____ aux toilettes?   (aller/aimer)

8 Je _____ travailler avec Tom?   (aime/peux)

«Quel» et «quelle»

Can you guess the difference between *quel* and *quelle*?

You use *quel* + masculine noun, and *quelle* + feminine noun.

Examples <u>Un</u> exercise → *C'est quel exercice?*
<u>Une</u> page → *C'est quelle page?*

 A toi!

Complète **1–6** avec «quel» ou «quelle».

1 C'est _____ dialogue?

2 C'est _____ exemple?

3 C'est _____ photo?

4 C'est _____ feuille?

5 C'est _____ poème?

6 C'est _____ poster?

🔲 *Je travaille avec qui?*　　　　　　　*Annee p20*

 Complète **1–7** et vérifie à l'aide de la cassette.

1 Je peux travailler avec _____ ? (nous/vous)

2 Tu peux travailler avec _____ ? (toi/moi)

3 Tom peut jouer avec _____ ? (je/moi)

4 Elsa peut jouer avec _____ ? (nous/je)

5 Elle _____ écouter la cassette avec nous? (peux/peut)

6 Tu _____ changer de place avec moi? (peux/peut)

7 Je _____ faire un poster? (peux/peut)

---

5 Questions et réponses: trace les lignes.

1 C'est à qui?　　　　　　　**a** Mais non, c'est faux!

2 C'est à moi?　　　　　　　**b** Oui, c'est à nous.

3 C'est à nous?　　　　　　　**c** Non, c'est à Kévin.

4 Un point!　　　　　　　　　**d** A moi? Non, j'ai fini.

5 C'est faux?　　　　　　　　**e** C'est à moi.

6 C'est à vous?　　　　　　　**f** Non, non, ça va.

7 C'est à toi?　　　　　　　　**g** Oui, c'est à vous.

9

6 Révision: complète **1–11**.

message ✖

Be careful: each of the words at the bottom can only be used once!

1 Tu _____ comment?

2 Tu habites avec _____?

3 Tu as _____ sœurs?

4 Tu aimes _____ maths?

5 Ton frère _____ comment?

6 Tu préfères le sport _____ la télé?

7 Ton frère est _____ embêtant?

8 Bristol, _____ où?

9 Tu as géographie le _____?

10 J'aime les jeux vidéo, et _____?

11 Ta sœur, _____ est comment?

ou	s'appelle
qui les	des
t'appelles	elle
c'est	jeudi
toi	souvent

📼 *Ah, les devoirs!*

Anne✖e p21

7 Ecris six matières, avec ton opinion (un, deux ou trois adjectifs).

Le dessin	*assez facile, intéressant, très amusant*

8 Pratique la lecture à haute voix, à l'aide de la cassette.

Moi, le français, ça va. C'est souvent en salle 40. Je n'aime pas beaucoup lire: je préfère le travail oral. Je travaille souvent en groupe, et quelquefois seul. Je lis quelquefois des poèmes, mais à la maison je préfère lire Astérix! Le travail écrit, c'est intéressant mais difficile.

9 Ça va, l'anglais? Ecris 20–50 mots.

> *message*

- *AnneXe* and the message from activity 8 can give you ideas.
- First write your message in rough.

---

10 Traduis **1–10** à l'aide d'*AnneXe* pp32–43.

> *message*

- These words have been used several times in *Formule X* instructions. If you can translate some of them without help, well done!
- Items **8–10** are verbs, so you will only find them in the infinitive in glossaries and dictionnaries.

1 un joueur: ....

2 un mot: ....

3 un exposé: ....

4 une réponse: ....

5 une phrase: ....

6 chaque: ....

7 à haute voix: ....

8 relis: ....

9 choisis: ....

10 imite: ....

C'est quand, ton anniversaire?

Anne**X**e p22

1

a Ecoute **1–10** et écris les dates.

1 *3/5*

5

9

2

6

10

3

7

11

4

8

12

b Imite l'exemple oralement, à l'aide de tes notes (**1–12**).

Exemple

1

C'est quand, ton anniversaire?

Mon anniversaire, c'est le 3 mai.

2

a Regarde le dessin **A** (15 secondes) → dis les objets de mémoire.

b Pratique avec les dessins **B**, **C** et **D**.

3 Complète avec des cadeaux.

1 Mon cadeau idéal, c'est un _____.

2 C'est ton anniversaire! Tu voudrais un

   _____ ou une _____?

3 Une _____? Non, merci! C'est nul!

4 Un _____? Je ne sais pas. . . Je

   préfère des _____.

5 Mon frère a un _____. Et moi? Non!

6 Je peux jouer avec ton _____?

message ✖

Don't use the same present twice. If you are running out of ideas, browse through *AnneXe*.

Choose carefully! Remember, you can't use a masculine noun after *une*.

🖼 *On joue?*

Anne ✖ e p22

4 Complète les phrases **1–6** avec les mots.

1 Scrabble / au / avec / joues
2 très / très / et / amusant / c'est
3 souvent / joue / ne / pas / avec
4 préfères / Scrabble / le / tu / tu / aimes / ou
5 Ça / parce / trop / va / n' est / pas / ce / que
6 que / le / trop / pas / c'est / parce / beaucoup / aime / Monopoly

1 Tu _____ nous?

2 Le babyfoot, _____ bruyant.

3 Moi, je _____

   mes peluches.

4 Mais toi, _____

   _____ les jeux rapides?

5 Le Cluedo? _____

   _____ difficile.

6 Je n' _____

   _____ lent.

 a Ecoute les questions **1–5** et les réponses.

> **1** C'est quand, ton anniversaire?
>
> **2** Ton cadeau idéal, qu'est-ce que c'est?
>
> **3** Tu joues souvent au Scrabble?
>
> **4** C'est comment, le Cluedo? C'est bien?
>
> **5** Tu aimes le babyfoot?

b Et toi? Pratique tes réponses oralement.

message **X**

To train yourself to be 'on the ball', it is best to practise **1–5** in a random order.

C'est comment, Pâques en France?　　Anne**X**e p23

6 Complète les phrases. Invente. . . ou décris la réalité!

1 Le dimanche, à la maison, on _____

2 Le lundi, au collège, on _____

3 A la maison, à Pâques, on _____

4 Les animaux? Dans ma famille, on _____

5 Quelquefois, avec mon chien, on _____

6 En classe, avec _____ , on _____

_____

7 Souvent, avec le professeur de français, on _____

_____

> *Quelquefois, en français, on écoute des cassettes et on lit des BD. Hi, hi, hi!*

7 Recopie les mots avec le même son (**the same sound**) en quatre colonnes.
Tu as des problèmes? Ecoute les mots sur cassette.

message ✗

How is *-er* pronounced at the end of a word?

- travailler, jouer (infinitifs) = **et**, carnet
- poster, laser = frère, vocabulaire

je p<u>eux</u>   en Irl<u>an</u>de   j<u>an</u>vier   une platine las<u>er</u>
je s<u>ur</u>fe   amus<u>an</u>t   une h<u>eure</u>
un dictionn<u>aire</u>   un ex<u>em</u>ple   d<u>eux</u>
ennuy<u>eux</u>   mon fr<u>ère</u>   v<u>en</u>dredi   tr<u>en</u>te
emb<u>ê</u>t<u>ant</u>   ennuy<u>eux</u>   ma s<u>œur</u>   des <u>œufs</u>

-en- *as in...* des vêtem**ents**	**-er-** *as in...* un post**er**	**-eu-** *as in...* des j**eux**	**-eur-** *as in...* un ordinat**eur**
un ex<u>em</u>ple	*un dictionn<u>aire</u>*	*d<u>eux</u>*	
amus<u>ant</u>			

8 Invente un mini-sketch. Le scénario: à Pâques, en famille.

🖾 *Tu sors souvent?*

Anne╳e p24

🎧 **a** Ecoute, regarde les dessins **a–g** et écris les lettres.

Exemple

🖾 1 *Je vais au parc et au bowling.*

1 C, G

6

2

7

3

8

4

9

5

10

2 **a** Complète **1–7** à l'aide des dessins **a–g** (activité 1).

1 Quand je sors, je vais quelquefois . (b)

2 Tu vas tout seul le dimanche? (e)

3 Tu vas avec moi samedi? (f)

4 Moi, je ne vais pas souvent . (c)

5 Tu ne vas pas souvent ? Pourquoi pas? (d)

6 Mais non! Je ne vais pas avec mon chien! (g)

7 Tu vas souvent avec Daniel.

C'est intéressant. . . (a)

b Pratique oralement: lis les phrases **1–7** à haute voix (aloud).

3 Lis les définitions et devine (cinéma, parc, etc.).

Exemple **1** *cinéma*

message

- You won't know all the words used in **1–6**, but you don't need to understand them all. Many look like English words anyway!
- Work **without** a dictionary. This way, you'll train yourself to look at words and sentences more carefully, and to make intelligent guesses.

---

1 J'aime les films français, mais il y a aussi beaucoup de films américains.

2 *Avec Nathalie, Xavier et Katia, on joue souvent le mercredi. Et le champion? C'est moi!*

3 C'est énorme et c'est idéal pour le shopping: il y a des cinémas, des boutiques, des cafétérias. . . Mais ce n'est pas un centre-ville.

4 Mon père aime beaucoup ça. Il aime la nature et il regarde les oiseaux. Il peut aussi faire du jogging. Mais pour moi, c'est ennuyeux!

5 On peut faire beaucoup d'activités différentes: des sports individuels ou des sports collectifs. . . de l'initiation ou du perfectionnement. . . Personnellement, je voudrais apprendre les arts martiaux.

6 C'est idéal pour mon âge, parce que les discos, bof, c'est pour les jeunes de 15 ans ou plus. Et c'est bien parce qu'il y a des activités variées: du sport, mais aussi de la musique, du théâtre, des films . . . On discute, on décide, on invente, c'est super. Dans les discos, on danse, on boit, et c'est tout!

 Tu fais du sport?

AnneXe p24

4 Ecoute le message → écris les huit sports (*AnneXe* p24) dans l'ordre de la cassette.

1 _____   5 _____

2 _____   6 _____

3 _____   7 _____

4 _____   8 _____

5 Ecris une phrase différente avec chaque (**each**) sport.

message X
● Don't write all your sentences in exactly the same way: try to use a variety of structures instead.
● Only use words and phrases you have learnt already: use *AnneXe* for reference.

1 ....

....

2 ....

....

3 ....

....

4 ....

....

5 ....

....

6 ....

....

7 ....

....

8 ....

....

 Et ta famille? Et tes copains?   AnneXe p25

6 **a** Pratique <u>oralement</u>. Fais 12 phrases minimum: .... minutes.

			samedi	
Et toi, tu	aller	au centre–ville	au centre sportif	
Quelquefois, on	vais	au bowling	avec tes chiens	
J'aime beaucoup	vas	en Angleterre	en Ecosse	?
Mes parents	va	rarement	mais pas souvent	
Anita, je peux	vont	aller	le dimanche	
Mon demi–frère			ou au cinéma	

b Recommence, mais plus vite: .... minutes.

7 Ecoute et répète les phrases **1–8** à l'aide des cinq colonnes (activité 6).

8 Fais des phrases avec les listes de mots **1–5** (deux phrases par liste).

- Use the words below in any order, but with exactly the same spellings.
- You can make sentences that are positive or negative.
- As in the example, you can either make statements or ask questions.

1	frères – sport – dimanche	4	vont – souvent – demi-sœur
2	parents – bowling – des copains	5	sortent – à 8h
3	jouer – ou – golf		

1A *Mes frères font du sport le dimanche.*

1B *Tes frères font du sport au centre sportif le dimanche?*

2A _____

2B _____

3A _____

3B _____

4A _____

4B _____

5A _____

5B _____

9 Lis. . . pour le plaisir!

Le projet de Sylvain, un handicapé de 15 ans: faire un marathon de 240km au Maroc, dans le désert. Durée: une semaine. Aide: huit adultes.

Pourquoi? Mais. . . pourquoi pas? L'objectif: l'aventure, mais aussi encourager tous les enfants handicapés.

Sylvain a un fauteuil spécial, contrôlé par ses huit copains adultes.

Flash-info, 12 avril – Bravo! Le marathon est fini: fatigant, mais un succès total!

📷 *Où est ma tortue?!?*

Anne**X**e p26

1 a Dessine les animaux.

message **X**

If drawing isn't your strong point, draw rough shapes and link each sentence to the correct shape, as in the worked example.

Le chien est devant le placard.

Le hamster est sur le placard.

L'oiseau est entre la poubelle et le placard.

La souris est sur l'étagère.

Le chat est derrière le placard.

La tortue est dans le placard.

Le poisson est dans le tiroir.

Le lapin est sous le placard.

b Où sont les animaux? Cache les phrases → pratique oralement à l'aide du dessin.

Exemple

Le chien est devant le placard.

2 Ecoute **1–10** et donne ta réaction (**a–d**).

Exemple

📷 **1** *Mes deux sœurs sont dans le garage.*

Pourquoi pas!
a

b Impossible!

Bizarre. . .
c

d Quel désastre!

1 *a*   **2**____   **3**____   **4**____   **5**____   **6**____   **7**____   **8**____   **9**____   **10**____

a Fais correspondre les questions **1–4** et les réponses **a–d**: trace des lignes.

message

There is only one correct choice each time. You need to watch out for:
est/sont and *il/elle/ils*.

1 Où sont les chiens?	**a** Il est derrière la télé.
2 Où est la tortue?	**b** Elle est sur ton ordinateur.
3 Où sont mes souris?	**c** Ils sont dans le garage.
4 Où est ton lapin?	**d** Elles sont devant la chaise.

b Ecris quatre questions et réponses sur le même (**the same**) modèle.

 ***Ton hamster dort souvent?***   *Anne* **X** *e p26*

 a Regarde les dessins et complète les phrases **1–6**.

1 _____ *Le chat d'* _____ Emilie _____ *dort beaucoup.* _____

2 _____ Adrien _____

3 _____ Swann _____

4 _____ Justine _____

5 _____ Alexia _____

6 _____ Nicolas _____

b Regarde le dessin **1** et écoute le modèle sur cassette.

Choisis un animal (**2–5**) et improvise oralement.
– invente des détails
– pratique plusieurs fois (**several times**).

5 Ecoute et recopie les deux phrases.

1 ....
....
....
....
....

2 ....
....
....
....
....

6 Souligne (underline) le mot correct.

1 Mon lapin ne court pas beaucoup **parce qu'/mais/quand/où** il n'est pas rapide.

2 Mon chien adore aller **quand/où/parce qu'/mais** il peut courir.

3 Tes animaux jouent **qui/pourquoi/avec qui** quand tu es au collège?

4 **A midi/Quand/Rarement**, tes copains mangent au collège ou ils vont à la maison?

5 Mes parents font **quand/pas/rarement** les courses le dimanche.

6 Ton chien préfère sortir le matin **et/ou/mais** l'après-midi?

🖳 *Mon chien et moi*	Anne❌e p27

7 Complète la grille de mémoire.

	je	nous	vous	ils/elles
jouer	*joue*			
regarder		*regardons*		
aller			*allez*	
avoir				*ont*
faire				
être				

Complète **1–9** de mémoire.

Les verbes

1 To say 'we', in French you can use either _____ or _____ .

2 Many verbs end in *-ent* with **il/ils**.

3 Many verbs end in *-ons* with _____ .

4 *Regarde* and *regardent* **have/don't have** the same pronunciation.

5 *Tu* means 'you' in the singular. *Vous* means _____ in the _____ .

6 *Ils ont* means _____ . It comes from the infinitive _____ .

7 *Ils sont* means _____ . It comes from the infinitive _____ .

8 *Vous allez* means _____ . *Vous avez* means _____ .

9 *Je joue* means 'I play' **or/but not** 'I am playing'.

 Complète à l'aide de la cassette.

message ✗
Take care with spellings, and also remember to check:
– verb endings
– singulars and plurals
– masculines and feminines

Je _____ un animal, mais je n'aime _____ beaucoup

les chiens parce qu'ils _____ quelquefois bruyants, et

_____ très embêtants. Par exemple, _____ copine

Caroline et sa sœur _____ un chien, Cyril. Quand elles

_____ des devoirs, Cyril est souvent _____ la table, ou

sur l'ordinateur _____ Caroline: ce n'_____ pas très

drôle!

Les chats _____ plus calmes, mais _____ sont souvent

fatigués. Ils _____ dormir: c'est nul! _____ frère

et ma demi-sœur _____ les poissons, mais _____ ne

peut pas _____ avec un poisson! Une tortue? _____

difficile, parce que nous n'_____ pas de jardin. Ah! Ce

_____ pas facile!

📺 *Tu vas où?*

Anne✗e p28

1 Tu vas où?

a Complète la grille à l'aide des dessins.

b Vérifie le mot mystère (vertical) dans *AnneXe*.

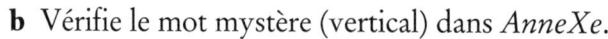

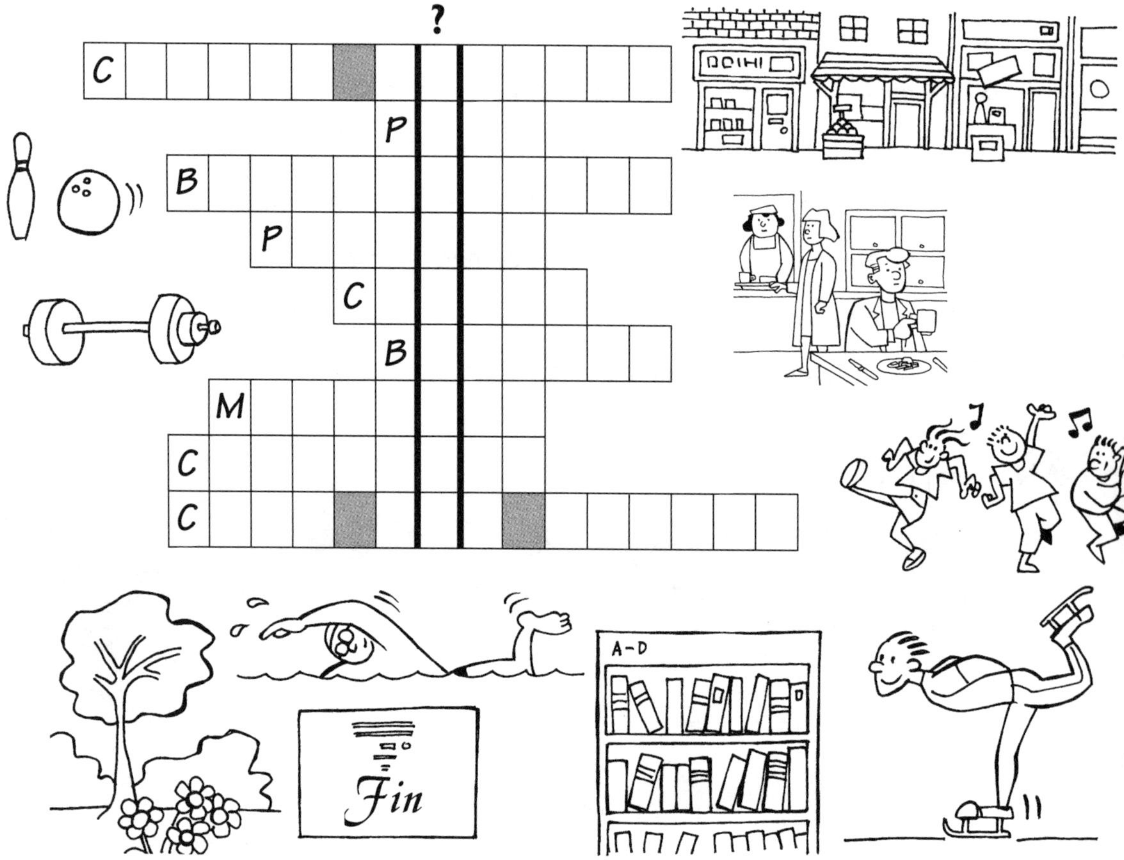

```
?
C | | | | | |▓| ‖ | | | | | |
          P | | | | | |
   B | | | | | |
      P | | | | |
         C | | | |
            B | | |
         M | | | | |
      C | | |
      C | |▓| ‖ |▓| | | | |
```

2 Complète les phrases avec des mots de ton choix, si possible de mémoire.
Choisis des mots différents dans chaque phrase.

	message ✗

Attention:	**au** + masculin singulier	**à la** + féminin singulier
	aux + pluriel	**chez** + personne

1 Je vais au _____ ce soir.

2 Tu vas au _____ dimanche après-midi?

3 Nous allons à la _____ ce matin.

4 Et vous? Vous allez à la _____ cet après-midi?

5 Ils vont aux _____ samedi matin?

6 On va chez _____ cet après-midi?

7 Mehmed va chez _____ avec moi samedi soir.

3 Ecoute **1–8** et choisis les réponses (**a–e**).

1 .... 2 .... 3 .... 4 ....

5 .... 6 .... 7 .... 8 ....

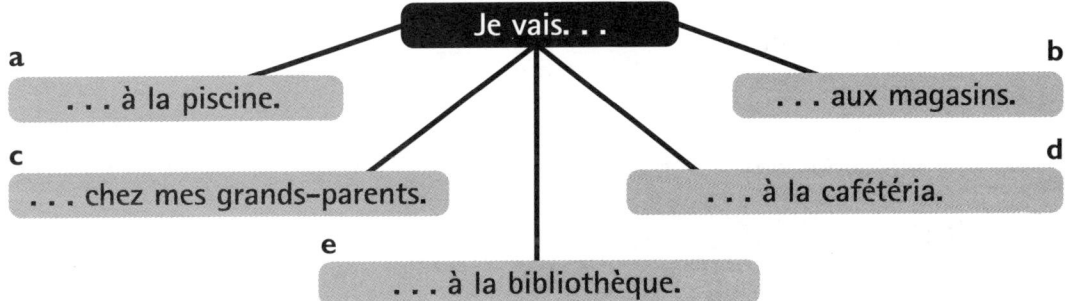

Je vais. . .

a . . . à la piscine.

b . . . aux magasins.

c . . . chez mes grands-parents.

d . . . à la cafétéria.

e . . . à la bibliothèque.

 Nous allons au cinéma   Anne✖e p28

4 **a** Regarde **1–6**, écoute et réponds **a** ou **b**.

1 .... 2 .... 3 .... 4 .... 5 .... 6 ....

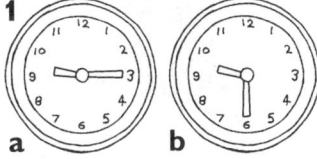
1
a   b

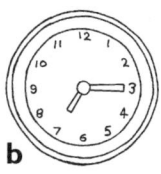
2
a   b

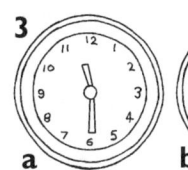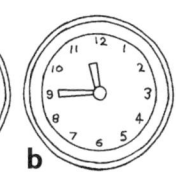
3
a   b

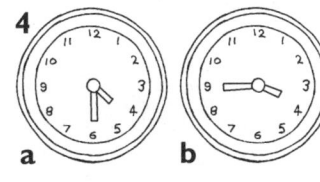
4
a   b

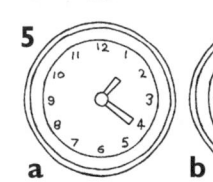
5
a   b

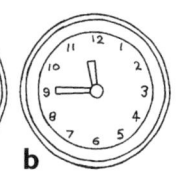
6
a   b

b Fais correspondre **7–12** avec **a–f**: trace des lignes.

a ┌─ 11.15 ─┐

7 Il est midi moins le quart.

8 Il est onze heures et quart.

d ┌─ 12.45 ─┐

b ┌─ 12.15 ─┐

9 Il est une heure moins le quart.

10 Il est midi et quart.

e ┌─ 11.15 ─┐

c ┌─ 11.45 ─┐

11 Il est onze heures et quart.

12 Il est une heure et quart.

f ┌─ 1.15 ─┐

c Ecoute et complète **13–20**.

13 ┌ 6. 30 ┐   14 ┌ 6. ...... ┐   15 ┌ 3. ...... ┐   16 ┌ ...... .50 ┐

17 ┌ 12. ...... ┐   18 ┌ ...... .55 ┐   19 ┌ 8. ...... ┐   20 ┌ ...... .45 ┐

13

a Regarde et écoute le dialogue 1 → Complète l'information.

b Ecoute le dialogue 2 → Complète l'information.

Rendez-vous. . .	Dialogue 1 (Stéphane)	Dialogue 2 (Magalie)
Quand?	*cet après-midi*	
À quelle heure?		
Avec qui?		
Rendez-vous où?		
Destination?		

Dialogue 1

– Stéphane, tu sors aujourd'hui?

– Oui, cet après-midi.

– Mais ta grand-mère?!?

– Ça va, ça va, je sors à 4h15.

– Ah oui, d'accord. Tu sors tout seul?

– Non, non, je sors avec Kévin.

– Et. . . rendez-vous chez Kévin?

– Chez Kévin? Non, devant la bibliothèque.

– Vous allez à la bibliothèque?

– Non, pas aujourd'hui. On va à la piscine.

c Pratique le dialogue 1 oralement à l'aide de la cassette.

A la cafétéria

6 Complète les questions.

1 Tu veux _____ aujourd'hui? (sors/sort/sortir)

2 Tu _____ boire, ou tu préfères manger une glace? (peux/veux/deux)

3 Je n'aime pas _____ glaces à la vanille. (les/une/un)

4 Rendez-vous _____ la cafétéria. (avec/entre/derrière)

5 Vous avez des milk-shakes _____ fraise? (au/à la/aux)

6 J'aime sortir le soir, mais je ne veux pas sortir _____ (le/au/ce) soir.

7 **a** Souligne **1–5** dans le message → Traduis **1–5** à l'aide d'un dictionnaire.

1 seulement:	**4** cher: ....
2 ensuite:	**5** argent: ....
3 acheter:	

b Complète les paragraphes **1–2** à l'aide de la cassette.

c Complète les paragraphes **3–5** avec des mots de ton choix.

message

- You may need more than one word to fill some of the boxes.
- Read each paragraph in full to get an idea of what could go in the boxes.
- Be careful with spellings: check in *AnneXe* if necessary.
- Also be careful about grammar. For example, should you use verbs in the infinitive or not? Think about whether nouns are masculine or feminine, too!

Je ne sors pas très .... Pourquoi pas? Parce que ....
seulement 12 ans et .... j'habite dans un village: c'est
petit et .... pas beaucoup de copains dans le village.
    Quelquefois, avec .... et ma petite sœur, nous
.... au .... ou à la .... à Orléans, à
8 kilomètres de mon village. Ensuite, je .... quelquefois à la
cafétéria avec mon père, et ma sœur .... au parc Pasteur avec ma
mère.
    Quand nous .... dans le centre-ville, j'aime
.... acheter des livres, parce qu'il y a un magasin pas cher
dans la rue de la République. Et quand c'est mon .... ,
j'ai de l'argent!
    Quelquefois, quand le père de Dominique .... le samedi
.... , nous allons à Orléans dans sa Citroën, Dominique,
son père et moi. Ma sœur aussi voudrait sortir avec nous, mais elle
est trop ....
    Moi, je voudrais .... à Orléans parce que c'est plus
.... et plus .... Et les cafétérias, c'est
.... !

Mon père n'est pas très sportif

Anne**X**e p30

1 **a** Complète les adjectifs masculins de mémoire.

b Traduis **1–8**: trace des lignes.

1 bricol *eur*			**a** boring
2 ennuy			**b** hardworking
3 génér			**c** strict
4 pati			**d** sporty
5 sport			**e** generous
6 stri			**f** keen on DIY
7 sympathi			**g** friendly
8 travaill			**h** patient

 2 Ecoute et complète les phrases **1–10** avec **a** ou **b**.
Exemple

 **1 Ma belle-mère n'est pas très. . .**

→ **1** **a** strict **b** stricte

message

Why **1b**?. . . Because *ma belle-mère* is feminine.

1	**a** strict	**b** stricte		**6**	**a** bricoleur	**b** bricoleuse
2	**a** travailleur	**b** travailleuse		**7**	**a** patient	**b** patiente
3	**a** généreux	**b** généreuse		**8**	**a** bavard	**b** bavarde
4	**a** ennuyeux	**b** ennuyeuse		**9**	**a** petit	**b** petite
5	**a** sportif	**b** sportive		**10**	**a** fatigant	**b** fatigante

 3 Ecoute et complète la phrase.

message

Write the words in pencil as you listen to the cassette, then check spellings carefully.
For example, do the adjectives need to be masculine or feminine?

M_____ b_____-m_____ est a_____ a_____ et

t_____ s_____, m_____ elle n'_____

p_____ s_____ p_____ q_____

n_____ j_____ au S_____. P_____

pas? P_____ que je s_____ un p_____ l_____.

4 Fais correspondre les phrases **1–6** avec les dessins **a–d**.

1 Je vais en ville en autobus, à pied ou en vélo.

2 J'aime sortir en vélo, en voiture ou en autobus.

3 Je peux sortir à pied, en vélo ou en voiture avec mes parents.

4 Je vais souvent chez mes copains en vélo, en autobus ou en voiture.

5 Tu vas au collège à pied, en autobus ou en voiture?

6 Je ne peux pas aller en ville en autobus: mon père n'est pas d'accord.

1 .... **2** .... **3** .... **4** .... **5** .... **6** ....

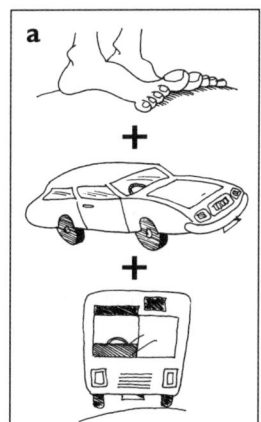 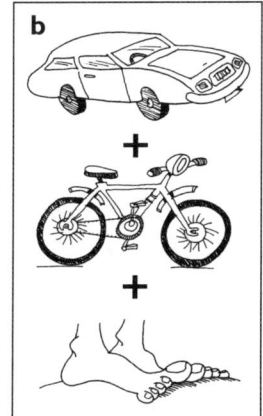 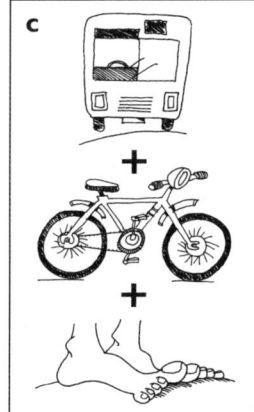 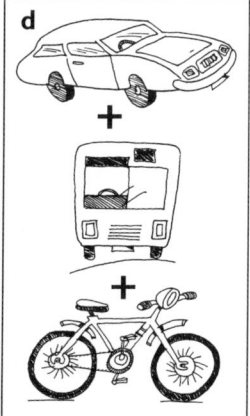

5 Recopie les phrases **1–8** dans l'ordre.

1 quand / fatiguée / Le samedi, / à la maison / je suis / je reste

2 à pied / en ville / cet après-midi? / autobus / Tu pars / ou en

3 avec ma sœur / à 12h30 / je rentre / Le samedi, / à la maison

4 tu vas / quand / à quelle heure / Tu pars / au collège? / le matin

5 autobus / dimanche? Vous allez / centre sportif / toujours / au / le / en

6 rentre / rentrer / Je ne / je préfère / à pied / avec mes / pas souvent / parents parce que / en voiture

1 ....

2 ....

3 ....

4 ....

5 ....

6 ....

....

6 Lis la lettre de Frédéric et réponds aux questions **1–10 en anglais**.

> Normalement, le matin, je pars au collège avec mon frère. J'ai un vélo, mais je vais au collège à pied parce que mon frère n'a pas de vélo en ce moment. Je voudrais partir seul, mais mes parents ne sont pas d'accord. Je ne comprends pas pourquoi.
>
> Toi, tu as un long week-end, mais en France on va au collège le samedi matin. Mais le samedi, c'est différent. Mon frère et moi allons au collège en voiture avec ma mère, parce qu'elle va toujours chez ma grand-mère le samedi matin. A midi, nous allons chez ma grand-mère, à cinq minutes du collège, et nous rentrons avec ma mère.
>
> Mes copains trouvent ma mère très sympathique. Ils aiment bien mon père aussi, mais il est plus strict. Par exemple, quand je veux sortir, j'ai quelquefois des problèmes. Par exemple, le week-end, je peux sortir en vélo quand je veux aller au parc avec un copain. Mais quand je veux aller en ville, impossible! Je peux aller au centre-ville à pied ou en autobus, mais pas en vélo. C'est parce qu'il y a beaucoup de voitures et c'est dangereux! Ah, mon père...

1 How does Frédéric normally go to school? _____

2 Who does he normally go with? _____

3 What would he prefer? _____

4 What exactly does his mother do on Saturday mornings? _____
_____

5 How does Frédéric get home from school on Saturday mornings? _____
_____

6 Does he go directly home from school? _____
_____

7 Who is strictest: Frédéric's father or mother? _____

8 What can Frédéric use his bicycle for at week-ends? _____
_____

9 How is he allowed to travel into town? Name two ways. _____
_____

10 Why isn't Frédéric allowed to go into town on his bicycle? _____
_____

Instructions

à l'aide de	with the help of
Cache. . .	Hide. . .
Chante. . .	Sing. . .
Choisis. . .	Choose. . .
Classe. . .	Classify. . ./List. . .
Complète. . .	Complete. . .
correctement	correctly
Corrige. . .	Correct
Décris. . .	Describe. . .
dessin	drawing
Devine. . .	Guess. . .
Dis. . .	Say. . .
Donne. . .	Give. . .
Ecoute. . .	Listen to. . .
Ecris. . .	Write. . .
Fais. . .	Do. . .
Fais correspondre. . .	Match up. . .
Imite. . .	Imitate. . .
Invente. . .	Make up. . ./Invent. . .
Joue. . .	Play. . .
Lis. . ./Lis à haute voix. . .	Read. . ./Read aloud. . .
de mémoire	from memory
Montre. . .	Point to. . .
mot	word
nom	name; noun
nombre	number
oralement	orally; in speaking
Pose des questions. . .	Ask questions. . .
Pratique. . .	Practise. . .
Prépare. . .	Prepare. . .
Qu'est-ce que. . .?	What. . .?
Recommence. . .	Start again. . .
Recopie. . .	Copy out. . .
Réécoute. . .	Listen again. . .
Regarde. . .	Look at. . .
Répète. . .	Repeat. . .
Réponds. . .	Answer. . ./Reply. . .
seul(e)	alone
Traduis. . .	Translate. . .
Travaille. . .	Work. . .
Trouve. . .	Find. . .
Vérifie. . .	Check. . .
vite (plus vite)	fast (faster)
vrai ou faux?	true or false?

Published by HarperCollins *Publishers* Limited
77–85 Fulham Palace Road
Hammersmith
London
W6 8JB

www.**Collins**Education.com
On-line support for schools and colleges

© HarperCollins *Publishers* Limited 2000
First published 2000

ISBN 0-00-320268-2

Martine Pillette asserts the moral right to be identified as the author of this work.

British Library Catalogue in Publication Data
A catalogue record for this publication is available from the British Library.

Commissioned by Melanie Norcutt
Designed by Bob Vickers
Edited by Lisa Carden
Cover design by Blue Pig Design
Production by Adam Smith
Printed and bound in Hong Kong by Printing Express

Illustrations
Belinda Evans pp17, 23, 35, 37, 38, 39, 42
Paul McCaffrey p1
Nigel Kitching pp8, 10, 13, 15, 18, 19, 24, 25, 30, 32, 40, 41
Phil Smith pp16, 17, 22, 27, 28, 33, 36, 45

You might also like to visit
www.**fire**and**water**.co.uk
The book lover's website

Formule X is a new, exciting wide-ability French course, written to reflect the revised statutory requirements for the National Curriculum and the 5-14 guidelines.

Formule X provides a focused approach to:

Grammar
Objectives are clearly stated and are practised across all four skills, drawing on students' knowledge and understanding of English to aid comprehension.

Progression
Careful recycling of vocabulary and structures removes the barriers between topics and ensures a stronger foundation.

Motivation
Girls and boys remain on track through varied and lively materials, ensuring success into and beyond Y9/S2.

Practicality
Complete and tailored components meet the needs of students and make it easy for parents to support homework.

LEVEL 1 COMPONENTS

Student's Book	000 320267 4
Workbook	**000 320268 2**
Teacher's Book	000 320269 0
Copymasters and Assessment Pack	000 320270 4
Cassette Pack	000 320271 2
Flashcards	000 320272 0

COLLINS

www.CollinsEducation.com

ISBN 0-00-320268-2

9 780003 202687 >